만파식적

민병도 시조선집

목언예원

만파식적萬波息笛

지은이 · 민병도
펴낸곳 · 목언예원
표지디자인 · 키네틱

초판 인쇄 : 2018년 10월 10일
초판 발행 : 2018년 10월 15일

목언예원
출판등록 : 2003년 2월 28일 제8호
경북 청도군 금천면 선바위길 53 (신지2리 390-2)
전화 : 054-371-3544 (팩스겸용)
E-mail : mbdo@daum.net

ISBN 978-89-94733-73-9 03810

가격 : 15,000원

만파식적

민병도 시조선집

목언예원

■ 시인의 말

1973년 어느 봄날 이영도 선생의 시조 한 편을 감명 깊게 읽으면서 나의 '시조'에 대한 짝사랑은 시작되었다. 그로부터 45년, 한 번도 제대로 돌아봐주지 않는 시조를 향한 나의 속앓이는 그 어느 명의名醫도 치유할 수 없는 불치병이 되고 말았다. 나는 내가 할 수 있는 모든 방법을 다 동원해 보았으나 아직도 시조로부터 그 어떤 속 시원한 대답을 얻어내지 못하고 있다. 물론 전적으로 나의 한계에서 기인한 결과이지만 나는 결코 후회하지 않는다.

세계적인 문화유산인 시조가 시조인들에 의해 훼손되는 작금의 현실 앞에서 온전히 자신을 되돌아보고 함부로 넘겨보았던 나의 오만을 반성하고자 한다. 시조에, 시조에 의한, 시조를 위한 나의 새로운 자세를 가다듬는다.

2018년 10월

민병도

CONTENTS

만파식적萬波息笛

— 민병도 시조선집

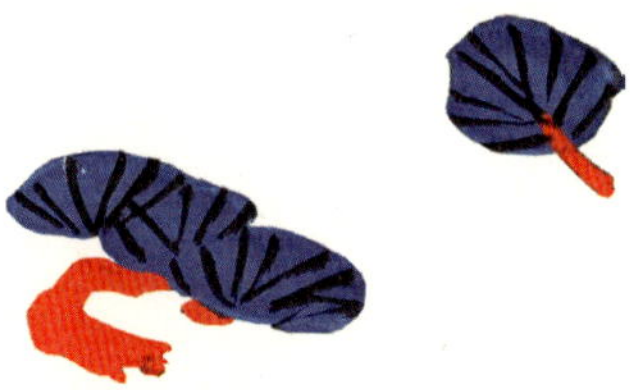

들풀

01

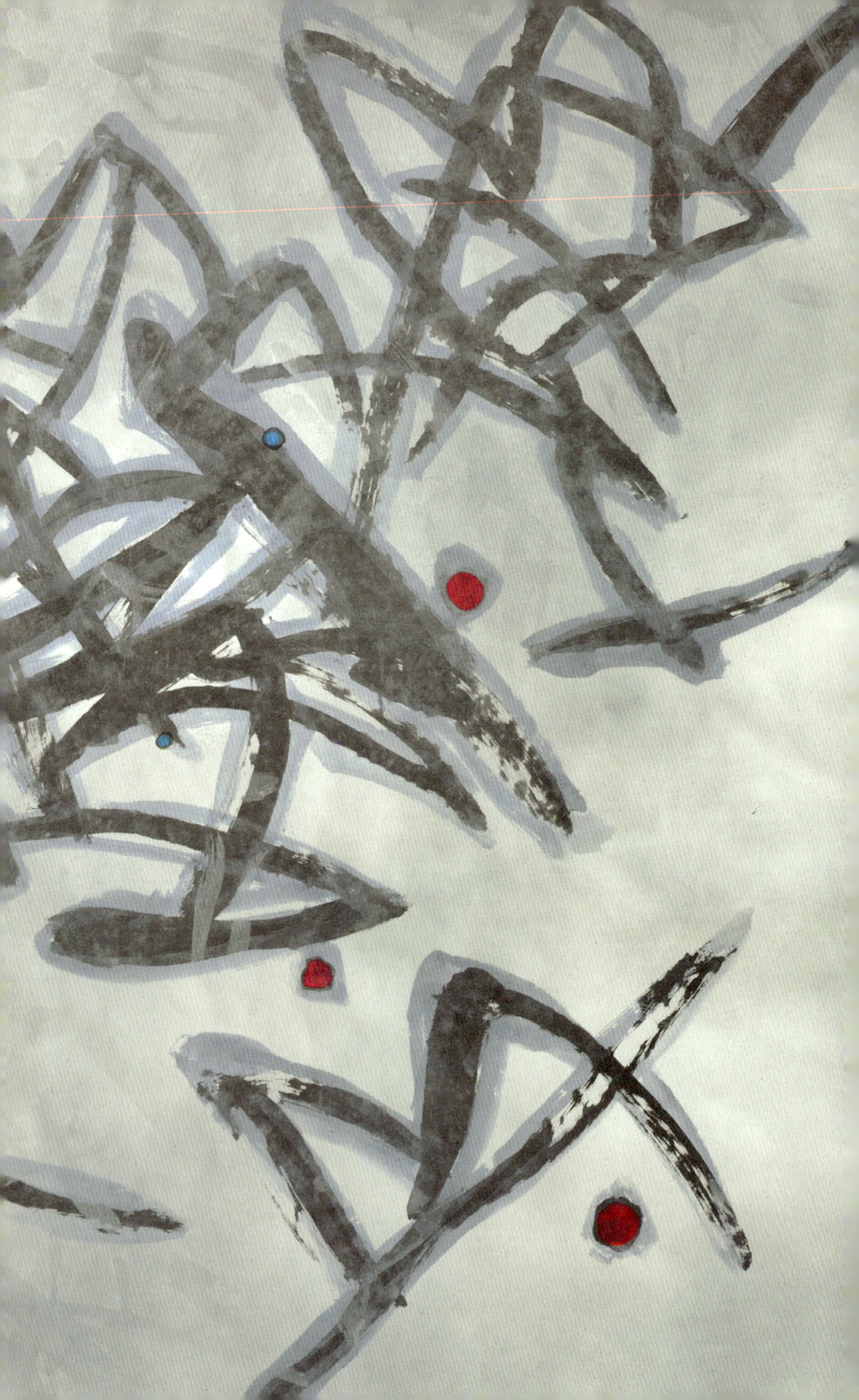

낙화落花

꽃이 지고서야 나는 문득 꽃을 보네

네가 떠난 뒤에 비로소 널 만났듯

향기만 남은 하루가 천년 같은 이 봄날

한 때, 꽃

네가 시드는 건
네 잘못이 아니다

아파하지 말아라
시드니까 꽃이다

누군들 살아 한 때 꽃,
아닌 적 있었던가

들풀 15

봄비

받침도 빼먹은 채

삐뚤삐뚤 써 내려간,

가다간 힘도 부쳐

그리움에 주저앉아

창가에 몰래 두고 간

어머니의 짧은 편지

어떤 통화

어둑어둑 날이 저문
운문사 공중전화

볼이 젖은 어린 스님
한 시간째 통화중이다

등 뒤엔 엿듣고 있던
별 하나가 글썽글썽

어머니와 광주리

닷새치 푸성귀를
팔러 가신 읍내 장날

어머니가 이고 오시던
늙은 광주리에는

새로 산 하얀 고무신,
반달이 졸고 있었다

오직 한 사람

세상의 모든 꽃이
내 것일 필요는 없다

세상 모든 사람이
다 내편일 필요도 없다

눈 감고 서로를 보는
너 하나도 너무 많다

들풀

허구한 날
베이고 밟혀
피 흘리며
쓰러져놓고

어쩌자고
저를 벤 낫을
향기로
감싸는지…

알겠네
왜 그토록 오래
이 땅의
주인인지

참꽃

형 대신 징용 갔을
그 산길에 곱던 참꽃

올해도 어김없이
절며 오네 혈서처럼

남아서 부끄러운 사람,
한 명 한 명 안부를 묻네

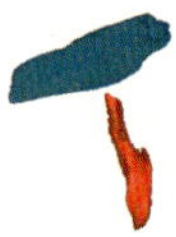

댓잎

칼을 간다 깊은 밤중에
달빛을 뿌리며 간다

누구를 치겠다고
병법兵法마저 뒤적이는지…

두어라 밤마다 치솟는 적의敵意,
서걱서걱 잘라낸단다

폐선

뜨겁게 끌어안았던
강물을 뒤로 한 채

달빛만 가득 싣고
생을 마친 폐선 한 척,

자신이 건너갈 것도 아니면서
강을 놓지 못하네.

삶이란

풀꽃에게 삶을 물었다
흔들리는 일이라 했다

물에게 삶을 물었다
흐르는 일이라 했다

산에게 삶을 물었다
견디는 일이라 했다

길

새벽 두시, 취한 내 영혼을 부축해 와서

초인종을 눌러주고는 돌아가지 못한 길 하나

밤 새워 비를 맞으며 기다리고 있구나.

목련

그리움을 건너기란
왜 그리 힘이 들던지

긴 편지를 쓰는 대신
집을 한 채 지었습니다

사흘만 머물다 떠날
저 눈부신 적멸의 집.

아침노을

밤비에 플라타나스
인도 위로 쓰러졌다

행인들은 아무 말 없이
꺾인 가지를 밟고 지나고

노을이 작은 손수건 하나를
그 이마에 덮어 주었다

보리밟기

02

앉은뱅이꽃

그대여, 발에 차인 돌이었나 싶은 날은
그리움을 더듬어 간신히 불을 켠 채
바람에 먼 길을 묻는 앉은뱅이꽃을 보아라

아무데나 자리 깔아 밟히고 뭉개져도
꽃잎 속 숨은 햇살과 물소리를 받들어서
흙 한줌 꽉 움켜잡은 아픈 삶을 보아라

슬픔도 닦아두면 창가로 가 별이 되지
어둠이 깊을 때마다 형용사로 돌아와서
저렇듯 멍이 들어도 고운 꿈을 보아라

광장에서

구급차를 따라가며 또 하루가 저물고
시간이 멈춰버린 시계탑에 눈이 내린다
아마도 짓밟힌 꽃잎을 덮어주려나 보다.

하나 둘 모여드는 얼굴 없는 군중 사이
바람은 돌아와서 제 과거를 닦는지
찢겨진 현수막 앞에 공손히 엎드린다.

"광장을 닫으려면 자유도 함께 닫아라"
누구도 소리 질러 외치지 못했지만
허공을 떠돌고 있는 뜨거운 목소리들.

그 누가 침묵 더러 가장 큰 소리라 했다
하나 되기 위하여 건네주는 촛불 속에
밟혀도 밟히지 않는 발자국이 보인다.

저무는 강

옷깃에 몰래 묻은 흙먼지를 털어내듯
또 한 해를 내다버리고 빈손으로 돌아오면
허전한 가슴 한쪽을 가로질러 저무는 강.

물에 발을 묻는다고 그리움이 삭겠냐만
지는 해와 강도 함께 떠나보낸 물오리 떼
퍼렇게 멍들고 지친 물소리를 닦고 있었다.

어둠 앞에 흔들리는 서로의 손을 잡고
불 켜진 낯선 마을로 흘러가는 저 강물처럼
노래를 뼈에 묻으면 삶도 다만 긴 느낌표.

동그라미

사는 일 힘겨울 땐 동그라미를 그려보자
아직은 아무도 가지 않은 길이 있어
비워서 저를 채우는 빈들을 만날 것이다

못다 부른 노래도, 끓는 피도 재워야하리
물소리에 길을 묻고 지는 꽃에 때를 물어
마침내 처음 그 자리 홀로 돌아오는 길

세상은 안과 밖으로 제 몸을 나누지만
먼 길을 돌아올수록 넓어지는 영토여,
사는 일 힘에 부치면 낯선 길을 떠나보자

옹이

오래 품는다고 다 내 것은 아니네
살아 백년, 무심히 내버려둔 상처 하나가
자신의 영혼을 도려내는 칼날인 줄 몰랐네

그대가 내 노래의 악보인 줄 몰랐네
달빛에 비단실 걸어 거문고로 울다가
때로는 거듭된 쉼표, 제 욕망에 갇혀버리는

오해일까, 비를 따라 무작정 번개를 따라
피보다 붉은 고독 가슴으로 감싸온 일
저렇듯 저를 버리고도 불을 켠 듯 환하여

오래 품는다고 다 내 것은 아니네
휑하니 떠난 자리가 절망보다 넓고 크지만
마침내 나의 밖에서 안이신 그대, 사랑은

백미러

몰랐네, 하루에도 여러 차례 핸들을 잡고
백미러를 보면서도 내 진작 알지 못했네
앞으로 가기 위해선 뒤도 봐야 하는 것을

불빛이 번쩍이고 크락숑이 울릴 때까진
내가 설마 장애물인줄 짐작하지 못했네
저만치 물러난 구름은 두고 가야 하는 것을

90도 급커브 지나 짐작에도 없던 꽃들이
환하게 피어 있는, 피어서 흔들리는
앞으로 나가기 위해 뒤를 봐야 한다는 것을

삼경三更

초이레, 달도 지고 혼자 남은 이 깊은 밤
이름 없는 화공畵工의 붓끝 따라 흘러오던
강물도 여장을 풀고 지친 하루를 헹군다.

화두話頭를 풀지 못해 가부좌를 고쳐 앉은
산은 여태 길 하나를 꺼내놓지 못한 채
또 다시 묵언黙言에 들어 속마음을 숨기고.

용기 있는 자들은 다 어딜 급히 떠났는지
제 발로 와 죄를 고하는 풀벌레 울음소리만
이 땅의 만성 빈혈을 융단처럼 덮는다.

물

걱정 마라, 더럽혀진 그대 손 씻어주마
내력을 알 수 없는 비린내는 몰라도
땀으로 비루한 과거, 굳이 묻지 않으마

누군들 돌아보면 부끄러움 없겠느냐
함부로 멀어져간 서로간의 오해를 풀고
역겨운 과거도 불러 내일과 손잡게 하마

마실수록 목이 타는 갈증 또한 염려 마라
칼을 가는 마음으로 세상은 날이 저물고
미움에 근저당 잡힌 그대 영혼, 씻어주마

이름

하나뿐인 이름이라고 다 귀한 것은 아니다
헝겊으로 닦아내고 찬물로 씻는다 해도
한순간 유혹에 빠지면 진창에나 버려진다

들풀이라고 모두 향기로운 이름 아니다
같은 물과 같은 바람, 태양을 섬길지라도
모두가 향기 그윽한 꽃을 피우진 않는다

어떤 이는 일터에서 또 어떤 이는 전장에서
제각기 상처가 고운 이름들을 거두지만
세월은 악취 나는 이름을 닦아주지 않는다

사람들은 저마다 저의 이름을 닦는다
죽어서 사는 이름과 살아서 죽은 이름을
가슴에 새겨두고도 저만 알지 못한 채

흙

어머니는 칠십 평생 흙을 파며 사셨다
손에 흙이 묻어야 목에 밥이 넘어간다며
날마다 빈들을 깨워 온 몸으로 안았다

원하는 3할 치는 밥을 주고 꽃을 주던
세상과의 이별을 위해 어머니가 흙을 놓자
가만히 흙이 다가와 긴 노고를 감싸주었다

언제나 땀에 젖어 하나도 젖지 않은
누군가의 몸이었을, 누군가의 어머니였을
흙이여 너의 몸에선 어머니의 살내가 난다

정거장

그 때 거기서 내렸어야 했다는 것을
기차가 떠나기 전엔 눈치 채지 못했네
창 너머 벚꽃에 취해, 오지 않는 시간에 묶여

그 때 거기서 내렸어야 옳았다는 것을
자리를 내줄 때까진 까맣게 알지 못했네
갱상도, 돌이 씹히는 사투리와 비 사이

그저 산다는 것은 달력에 밑줄 긋기
일테면 그것은 또 지나쳐서 되돌아가기
놓치고 되돌아보는 정거장은 더욱 환했네

보리밟기

봄바람에 뿌리가 들린 보리를 밟는다
문신처럼 드러나는 온 몸의 신발자국,
때로는 혼절의 아픔도 사랑이라 일러주며.

밟으면 꺾어지고 일으키면 누워버리는,
차마 작은 돌 하나도 밀어내지 못하지만
그 속에 물결 드높고 함성 또한 뜨거워라.

꼿꼿이 일어서서 아침 해를 겨누면서
보무도 당당하게 이 땅의 슬픔을 이긴
보리밥, 민초民草의 힘이여! 사투리의 절개여.

정녕 무서운 힘은 창칼도 붓도 아닌
한 근(斤)도 못 미치는 마음 안에 있는 것
날마다 속을 비우는 저 초록, 꿈을 밟는다.

달빛 읽기

길 잃은 바람끼리 노숙을 서두르는
꽃 이운 빈 뜨락에 한 그루 매화로 서서
달빛의 은빛 가위질, 밤 깊도록 읽었다

가는 길이 멀다 하여 잠 안자는 물소리와
상처를 이기려는 풀벌레의 파닥거림,
그 곁에 귀를 낮추는 신의 뜻도 함께 읽었다

비워라 아파 마라 애먼 이름 내려놔라
넘길수록 목마른 책, 발문跋文은 누가 썼나
지상엔 없는 글자라 끝내 읽지 못했다

자객刺客

03

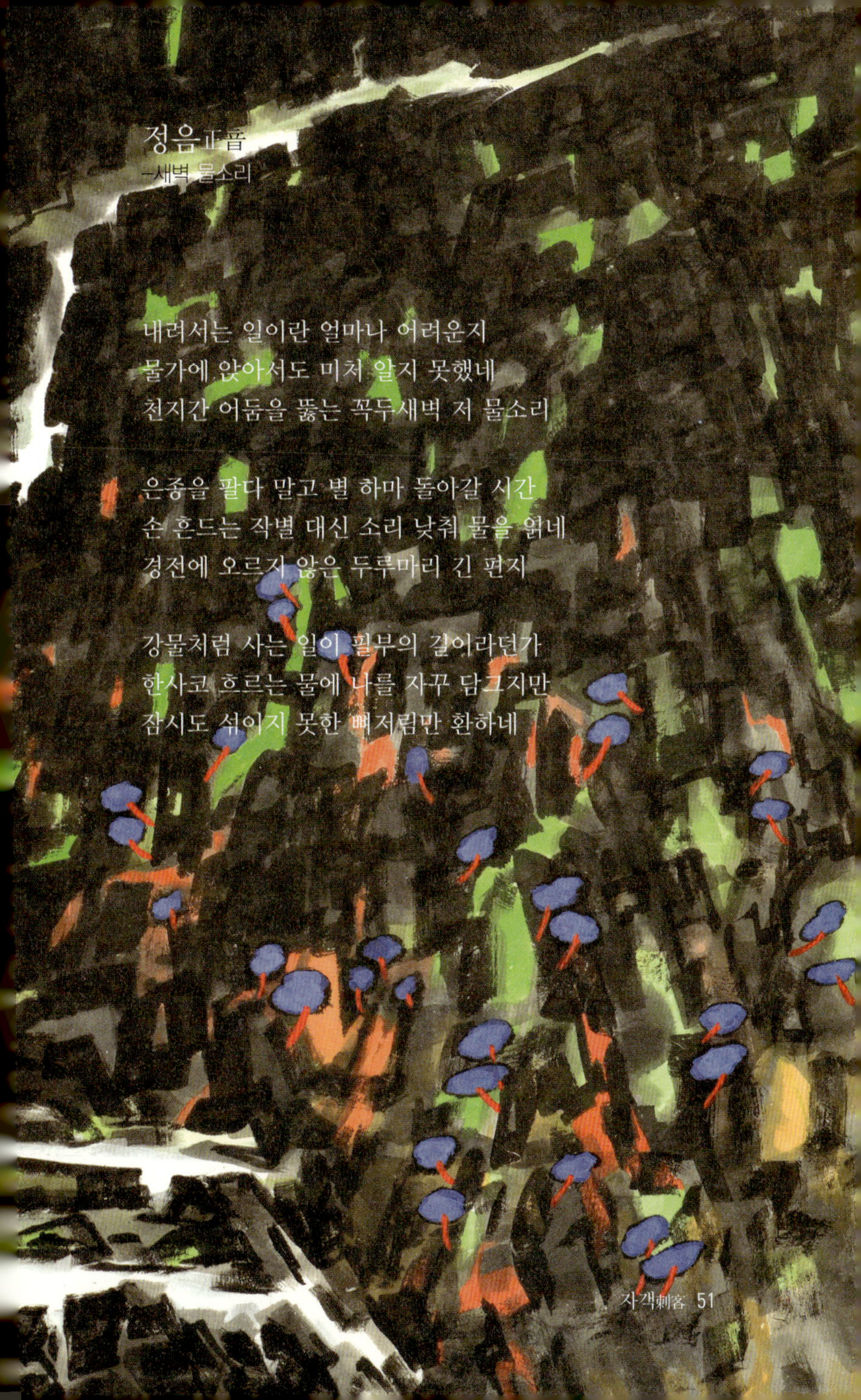

정음正音
–새벽 물소리

내려서는 일이란 얼마나 어려운지
물가에 앉아서도 미처 알지 못했네
천지간 어둠을 뚫는 꼭두새벽 저 물소리

은종을 팔다 말고 별 하마 돌아갈 시간
손 흔드는 작별 대신 소리 낮춰 물을 읽네
경전에 오르지 않은 두루마리 긴 편지

강물처럼 사는 일이 필부의 길이라던가
한사코 흐르는 물에 나를 자꾸 담그지만
잠시도 섞이지 못한 뼈저림만 환하네

소쇄원

길은 잠시 머리 숙여 대숲 아래 조아리고
얼마나 앓았던가 오곡五曲문 야윈 물소리
줄 터진 조선 거문고 신음소리 달랜다

바람이야 시나브로 댓돌이나 닦는다지만
묵은 빨래 헹궈 널듯 제월당에 앉노라면
소쇄옹 마른 벼루에 먹을 가는 낮달 하나

생각을 내려놓으면 마음은 만리장천,
뱁새로 살면 어떻고 황새로 살면 어떤가
청매화 맑은 향기가 잠든 산을 깨운다

만파식적萬波息笛

허구한 날 풍랑에 찢겨 빈 배로 돌아오던
아버지의 화풀이도 병상에서 끝이 났는지
한 생애 오롯이 품을 피리를 깎으셨다

입을 잠가 몸 비우고 말리기를 석 달 열흘,
이윽고 피리구멍처럼 붉은 구멍이 뚫리고
아무도 들어본 적 없는 금빛 소리가 새나왔다

때맞춰 마른번개가 지나는가 싶더니
천 길 고요 안에 향기로운 잠이 오고
아버지 낮게 웅크려 하얀 바람이 되셨다

겨울 대숲에서

무명바지 조각조각 허옇게 눈이 남은
겨울 대숲에 서면 서늘한 말씀 들린다
바람이 읽다가 놓친 목민심서 한 구절

나를 비우지 않고 어찌 너를 채우랴
마디마디 갇혀 있는 울음에 귀를 대면
죽간竹簡에 새기지 못한 민초의 피, 뜨겁다

쓰다만 자서전의 쓰다만 목차처럼
서걱서걱 쓰쓰싹싹 읽을수록 캄캄하여
천지간 무릎을 꿇고 혀를 잘근 깨문다

얼굴

구겨진 신문지에 대충 그린 자화상처럼
상처가 걸어온 길 차마 묻지 못하고
애꿎은 거울만 닦아 너를 빤히 쳐다본다

오래된 혹 하나와 주름살도 펴냈는데
머리 얹힌 허연 실밥, 이대로 괜찮은가
내 안에 이토록 낯선 네가 살고 있었다니

하찮은 내 생각을 세상에 전하기 위해
천의 화상, 사당패로 팔도를 누볐어도
고맙다 이 말 한 마디 건네주지 못했구나

적벽

말을 버리지 않고 어찌 말에 이르리
나를 버리지 않고 어떻게 나를 만나리
누천년 뼈를 깎아서 고요에 이른 적벽

그리움의 씨가 자랄 흙 한 줌도 갖지 말자
하나도 갖지 않아 모두를 가져버린
저 직립 붉은 화두를 수화手話로 읽는 달빛

미처 잠들지 못한 역심의 칼날 위에
잘라낸 바람 한 필, 먹장삼 지어입고
내 다만 무심을 배워 가부좌로 앉고 싶다

동다송東茶頌

읽을수록 멀어지는 다경茶經* 덮어 밀쳐두고
풍경소리 잠든 사이 산문 넘는 스님 초의草衣,
달려온 새벽물소리 바랑 끈에 묶는다.

해 돋는 아침이면 해든 새잎 만나리라
뜨거운 피를 삭힌 작설雀舌 저 꼿꼿한 뜻이
빈 잔에 제 몸을 풀어 달빛으로 앉기 전에.

색을 버린 유천乳泉*이며 토산차 어디 있나
물이 물에 닿기 위해 삼천대계 돌아오듯
외진 땅 홀로 걸어서 목숨처럼 닦아온 길.

적소謫所의 낡은 초당草堂 찻물 끓는 소리에
바다가 제 몸 닫아 뱃길을 감추는 밤
홀연히 한 대답 들려 발길 가삐 돌린다.

*다경 : 중국의 육우가 쓴 최초의 다도서
*유천 : 차를 끓이기에 좋은 물. 일지암의 샘물

자객刺客

어둠 깊은 마당가엔 달빛 홀로 서성이고
노숙에서 돌아온 바람의 발자국만
섬뜩한 생각 하나와 실랑이를 벌인다

구절초 흔들리는 고요의 속살 깊이
목 부러진 석불 하나 가부좌를 고치지만
아무도 복면자객의 칼을 보지 못했다

누군들 기다림에 복종하지 않았으리
슬픔의 갈피마다 별도 깜박 잠든 아침
떼구르 모과 하나가 나뒹굴고 있었다

장국밥

울 오매 뼈가 다 녹은 청도 장날 난전에서
목이 타는 나무처럼 흙비 흠뻑 맞다가
설움을 붉게 우려낸 장국밥을 먹는다.

5원짜리 부추 몇 단 3원에도 팔지 못하고
윤 사월 뙤약볕에 부추보다 늘쳐져도
하교 길 기다렸다가 둘이서 함께 먹던….

내 미처 그때는 셈하지 못하였지만
한 그릇에 부추가 열 단, 당신은 차마 못 먹고
때늦은 점심을 핑계로 울며 먹던 그 장국밥.

귀뚜라미

세상의 불이란 불은 모두 다 꺼진 뒤에
달빛 부스러기 풀잎 아래 쓸어모아
아마도 몰래 숨어서 천주학을 읽는 게야

찌륵찌륵 띠르띠르 아닐 거야 너무 당당해
난리통에 잃어버린 목소리를 되찾아와
여름내 밑줄 그어둔 장자莊子 내편을 읽는 게야

아니지, 책이라고 보기에는 너무 맑아
문자로는 갈 수 없는 하늘 뜻을 읽는 게지
소리로 어둠을 엮어 병든 자의 옷을 입히고…

밤이 깊을수록 천지가 귀를 기울이네
미처 마련치 못한 녹음기를 대신하여
어느새 먼 산의 어깨가 흔들리기 시작하네

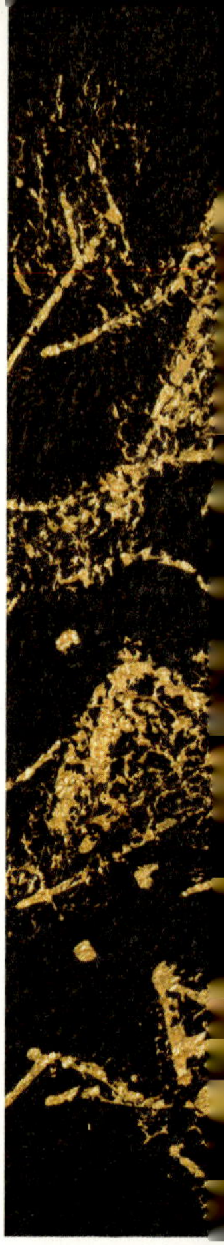

겨울 금천錦川

미처 떠나지 못한 길 하나가 물속에 잠긴
겨울 금천錦川에 앉아 물소리로 적막을 씻네
깃 다친 청동새 한 마리 군장軍裝을 벗는 저물녘

비정의 겨울을 온몸으로 증언키 위해
갈대는 선 채로 죽어 쓰쓰싹싹 스크럼을 짜
가늠키 힘든 수심을 거울처럼 밝혀 놓았네

굽이쳐 온 지난날의 못다 아문 상처를 따라
속으로 울음을 삼킨, 삶은 다만 저 물길 같은가
초간본 옛 지도위로 반역의 뼈도 세우는

후렴뿐인 악보 하나로 강을 지킨 마른풀들
산 빛을 꺾어 덮고 시린 어깨 뉘일 때
끊어진 징검다리를 건너 첫눈이 오고 있었네

04

낙동강

슬픔

가령 봄이 오면 살구꽃이 피겠구나
그 흔한 짐작도 없이 그가 내게 올 때는
골목길 모퉁이마다 등불을 밝혔습니다.

거역해본 풀잎만이 바람의 속내를 알 듯
내 가만히 찻잔을 닦고 찻물을 끓입니다
어차피 피할 수 없다면 이겨내야 하기에.

달을 인 갈대처럼 잠시잠시 흔들려 와
은빛 그리움으로 가슴 깊이 정좌하는,
슬픔의 상류에 와서 별 하나를 만났습니다.

새벽 강

깊디깊은 잠에 빠진 돌들아, 일어나라
소리치며 흘러가는 새벽 강이 길인 줄을
몰랐네, 유실된 삶의 빈 나루에 이를 때까지.

죽어서 눈을 뜨는 쇠북 아직 울기도 전에
어둠으로 어둠을 덮고 울음으로 울음을 묻어
별빛을 건져 올리는 무수한 저 손놀림….

보아라 세상살이란 새벽 강을 건너는 일
절망도 둑이 넘치면 슬픔처럼 다정해지고
가다가 곤두박히면 또 한 생각 철이 들리라.

그 뜨거운 몸부림도 때로는 안개였음을
몰랐네, 고요에 갇힌 갈대의 흐느낌이
마음에 가두지 못한 밀경密經인줄 미처 몰랐네.

검결劍訣*

녹두새가 울다 떠난 필사본 유사遺詞* 끝에
피 묻은 발자국을 남겨두고 떠나온 밤
숨어서 차라리 환한 칼의 노래 부른다

서풍 불면 꽃이 핀다 누가 감히 말 하는가
하늘이 기다리나 사람에 짓밟힌 꿈,
역천의 누명에 버텨 벼린 칼을 잡는다

사라져간 이름 불러 '시호시호'* 울먹이다
허공에 휙, 치솟아 객귀客鬼의 목을 치면
달빛도 제 혀 깨물어 하얀 피가 낭자하다

세상은 일체 정적, 숨소리도 끊어진 뒤
벗어둔 옷을 입듯 산허리가 드러나고
발 부은 새벽물소리 그예 먼 길 떠난다

*검결劍訣 : 동학의 창시자 수운 최제우가 지은 용담유사(龍潭遺詞)의 마지막에 나오는 가사로 일명 '칼 노래'라고도 한다.
*유사遺詞 : 용담유사龍潭遺詞
*시호시호 : 용담유사의 한 구절

먹을 갈다보면

먹을 갈다보면 시간이 온 길이 보인다
아무런 의심 없이 몸을 섞는 물의 뒤태,
눈물에 발목이 잠긴 발자국도 보인다

창보다 예리하고 칼보다 날카롭게
붓끝을 기다리는 조선의 맑은 숨결,
민초의 잠든 새벽을 소리 없이 깨운다

아직은 볼 수 없고 보이지 않는 경계,
모습도 색도 버리고 가만히 엎드리지만
어찌나 눈이 부신지 묵죽墨竹 저리 환하다

먹을 갈다보면 시간이 갈 길도 보인다
누구나 걸어가되 아무나 갈 수 없는,
함부로 맞설 수 없어 신발 벗고 가는 길

가을 삽화插畵

달빛을 흔들고 섰는 한 나무를 그렸습니다
그리움에 데인 상처 한 잎 한 잎 뜯어내며
눈부신 고요 속으로 길을 찾아 떠나는…

제 가슴 회초리 치는 한 강물을 그렸습니다
흰 구름의 말 한마디를 온 세상에 전하기 위해
울음을 삼키며 떠나는 뒷모습이 시립니다

눈감아야 볼 수 있는 한 사람을 그렸습니다
닦아도 닦아내어도 닳지 않는 푸른 별처럼
날마다 갈대를 꺾어 내 허물을 덮어주는 이

기러기 울음소리 떨다 가는 붓끝 따라
빗나간 예언처럼 가을은 또 절며 와서
미완의 슬픈 수묵화, 여백만을 남깁니다

풍경風磬

부처님 출타중인 빈 산사 대웅전 처마

물 없는 허공에서 시간의 파도를 타는

저 눈 큰 청동물고기 어디로 가고 있을까

뼈는 발라 산에 주고 비늘은 강에나 바쳐

하늘의 소리 찾아 홀로 떠난 그대 만행卍行,

매화꽃 이울 때마다 경經을 잠시 덮는다

혓바닥 날름거리며 등지느러미도 흔들면서

상류로, 적요의 상류로 헤엄쳐 가고 나면

끝없이 낯선 길 하나 희미하게 남는다

저 산에

스스로 물러앉아 그리운 이름이 된
산에, 저 산에 향기 나는 사람 있었네
수없이 나를 깨워준 늘 푸른 사람 있었네

법구경을 펼쳐두고 비에 젖는 저 빈 산에
휘젓고 간 바람처럼 가슴 아픈 사람 있었네
드러난 상처가 고운, 눈이 먼 사람 있었네

만나서 빛이 되고 돌아서서 길이 되는,
날마다 내 곁을 떠나가는 산에 저 산 안에
영혼의 맑은 노래로 창을 내는 사람 있었네

갈대

돌아갈 수 없을 만큼 떠난 뒤에 다가오는
삶의 그 허전한 진실 뼛속 깊이 되새기며
온 종일 찬 내에 남아 빈 하늘을 쓸고 있던 너.

태풍마저 어쩌지 못한 초록빛 꿈을 흩고
깊고 깊은 어둠에 갇혀 몰래 우는 겨울밤에
육신의 옷을 벗고야 낯선 별을 만나는구나.

수없이 긍정하였던 긴 시간의 하류에서
고단한 몸짓 하나로 짚어 가는 희미한 맥박
이제는 짐작하겠네 네가 왜 그리 흔들렸는지.

눈물의 농도

아버지 미소가 환한 빈소에 둘러서서
나누어 갖지 못한 시간들을 되감다가
저 문밖 통곡에 놀라 등뼈 곧추 세웠다

끼니 들러 시집보내 어려서 떠난 고모
연필 대신 호미 쥐켜 눈물이 밥이던 누이
체면도 아랑곳없이 이승 문간 다 울린다

상처를 감출만한 마음의 붕대도 없이
못 배우고 못 가진 설움, 형색마저 남루한데
어째서 저들의 눈물이 더 뜨겁고 더 진한가

독도獨島

두 눈을 부릅뜬 채 꿈을 꾸는 섬이 있다
그리움도 발이 저린 수평선에 턱을 괴고
함부로 잠들지 않는 영원한 아침이 있다

간담을 파고드는 파도의 드센 칼날에
온몸을 베이고도 하나도 베이지 않고
수줍게 미소를 띠는, 천치 같은 섬이 있다

누가 풀 한 포기 함부로 넘보는가
8할을 물에 묻고도 조국은 목이 타는데
날마다 새벽을 깨워 묵도默禱하는 섬이 있다

낙동강

눈 밝은 사람조차 요량할 수 없는 날에
반도의 정연한 뼈 서쪽으로 눕혀놓고
가슴에 서늘히 닿아 옷을 벗은 강이 있다

홀연히 나선 길에 꺾어지길 수수만년
낮게낮게 엎드려서 자존마저 짓밟아서
사람과 마을 사이를 가로질러 흐르는 강

막히면 돌아가서 다시 외는 경전처럼
뉘에게도 이기지 않고 뉘에게도 지지 않는
모두가 눈으로 보면서 아무도 보지 못한 강

더러는 고운 새와 붉은 꽃의 유혹에도
찰라의 미동도 없이 눈길 주지 않은 채
돌아서 아픈 시간을 몰래 닦는 강이 있다

마을

어둠들이 짐을 부린 넉넉한 목숨의 성
넘어서면 꽃바람 일굴 수명受命의 여명 아래
너와 나 죄를 벗으며 경작하는 이 가난.

때로는 북소리만 남는 진실 그 자욱마다
먼 지평 낙일落日을 거두며 신앙을 밝혀 뜬 달
한 매듭 구원 밖에서 그 옛날을 태운다.

해바라기 다지는 무심無心, 그 화려한 슬픔에 서면
어둠 머금은 씨알 밖은 애원마저 거부한 노을
맺히는 노래 저 멀리 빛을 심는 물소리.

민 / 병 / 도

閔炳道 / Min Byung-do

· 1953년 경북 청도 출생.
· 1976년 영남대학교 미술대학, 대학원 졸업

• 문학

· 1976년 한국일보 신춘문예 당선. 1978년 《시문학》 추천완료
· 1984년~1994년 〈五流同人〉 활동
· 1991년 제1회 한국시조작품상 수상
· 1997년 정운(이영도)시조문학상 수상
· 1998년 제1회 대구시조문학상 수상
· 2000년 예술창작공간 〈木言藝苑〉 개원
· 2001년 중앙시조대상 수상
· 2003년 제1회 월간문학 〈동리상〉 수상
· 2006년 가람시조문학상 수상
· 2008년 한국문학상 수상
· 2009년 금복문화상(문학) 수상
· 2012년 김상옥시조문학상 수상
· 2018년 외솔시조문학상 수상

詩集 | 『雪㟅의 버들피리』, 『숨겨둔 나라-자유시』, 『갈 수 없는 고독』, 『無常의 집』, 『만신창이의 노래-자유시』, 『섬』, 『地上의 하루』, 『不二의 노래』, 『청동의 배를 타고』, 『슬픔의 상류』, 『마음 저울』, 『내 안의 빈 집』, 『원효』, 『들풀』, 『장국밥』, 『칼의 노래』, 『바람의 길』, 『노을이 긴 팔을

뻗어-동시조집』

飜譯詩集 | 『청동물고기』(日譯), 『들풀』(中譯)

詩畫集 | 『매화 홀로 지다』, 『흐르는 강물처럼』

評論集 | 『형식의 해방공간』, 『닦을수록 눈부신 3장의 미학』, 『非定型의 定型化』

隨筆集 | 『고독에의 초대』, 『꽃은 꽃을 버려서 열매를 얻는다』

• **미술**

· 한국미술협회 부이사장, 대구지회장 역임.
· 대한민국미술대전 초대작가, 운영위원, 심사위원 역임.
· 대구시미술대전, 경상북도 미술대전 심사위원장, 운영위원장 역임.
· 신라미술대전, 광주시전, 울산시전, 정수미술대전, 등 심사위원 역임.
· 한국화 개인전 24회 개최, 민병도화집 발간.
· 〈이인성미술상〉 운영위원, 심사위원 역임.
· 〈미술세계〉작가상, 대구시전 초대작가상 수상.

전, 한국문인협회 시조분과회장, 대구시조시인협회장, 청도문인협회장, 한국시조시인협회 이사장, 청도예총회장, 한국미술협회 부이사장, 대구미술협회장

현, (사)국제시조협회 이사장, 계간 《시조21》 발행인, 이호우·이영도시조문학상 운영위원장, 도서출판 〈木言藝苑〉대표, 모산학술재단 이사, 청도우리정신문화재단 이사, 〈민병도갤러리〉 대표

E-mail | mbdo@daum.net